AF554220

MÉMOIRE

SUR LE RETOUR EN FRANCE AU SYSTÈME MONÉTAIRE MÉTALLIQUE,

PAR *des moyens propres à procurer un secours actuel de* 100 *millions en argent ;*
A ramener la circulation de ce numéraire en concurrence avec les assignats ;
A indemniser aussi en argent *les Rentiers, les Pensionnaires de l'Etat, les Employés et les Fonctionnaires publics ; en consolidant les récompenses nationales, réservées par les précédens décrets, aux Défenseurs de la Patrie ;*

PAR le Citoyen ARNOULD, Auteur de la Balance du Commerce de France.

A PARIS,
Chez DU PONT, Imprimeur-Libraire, rue de la Loi, N°. 1232.

L'AN IV DE LA RÉPUBLIQUE.

MÉMOIRE

SUR LE RETOUR EN FRANCE

AU SYSTÊME

MONÉTAIRE MÉTALLIQUE,

PAR *des moyens propres à procurer un secours actuel de 100 millions en argent ;*

A ramener la circulation de ce numéraire en concurrence avec les assignats ;

A indemniser aussi en argent *les Rentiers, les Pensionnaires de l'Etat, les Employés et les Fonctionnaires publics ; en consolidant les récompenses nationales réservées par les précédens décrets, aux Défenseurs de la Patrie.*

LE retour au systême monétaire métallique est démontré indispensable dans tout pays, lorsque la subsistance du peuple y est compromise par la circulation *exclusive* d'un papier territorial *monnoie forcée.*

La circulation de ce papier territorial est *exclusive*, lorsque des circonstances impérieuses ont forcé le gouvernement à ne plus verser, dans les veines du corps politique, aucune monnoie métallique, et l'ont conduit, au contraire, à pomper les matières d'or et d'argent, pour solder à l'étranger les denrées et marchandises qui sont de première nécessité pour tout État belligérent.

Ce double systême d'appauvrissement de matière métallique, a encore pour résultat fâcheux, de les concentrer dans les mains de quelques spéculateurs, puisque personne ne peut stipuler, même de gré à gré, contre la loi, le paiement en *argent* de son labeur ; alors le petit nombre fait à son tour la loi au gouvernement, obligé de rechercher, pour ses besoins extérieurs, des matières d'or et d'argent.

Cet état de détresse a commencé en France, et est devenu sensible à cette époque, où les campagnes et les grandes communes furent dépouillées de leur numéraire métallique, autant par la terreur que par le revirement des papiers et des marchandises.

Depuis la chûte du *maximum*, les agriculteurs éclairés par leurs souffrances, ont profité des avantages de leur position, en ne livrant leurs denrées qu'en échange des matières d'or et d'argent, gage invariable de leurs travaux. Non seulement les agriculteurs, mais de proche en proche, les artisans du labour, jusqu'aux conducteurs des bestiaux, et les garçons meûniers, se sont faits payer, depuis dix-huit mois, leurs journées, en valeur invariable, c'est-à-dire en denrées, dont le superflu a ensuite été échangé par eux contre des matières d'or et d'argent.

Ainsi, l'impérieuse nécessité a produit une réaction vraiment digne de remarque. De tout tems, les matières d'or et d'argent abondoient dans les grandes communes, et les impôts les tarissoient dans les campagnes : aujourd'hui les villes en ont été dépouillées, et le gouvernement ne percevant pas d'impôts en argent, pour en reverser des particules dans les classes laborieuses des grandes communes, il en résulte que les campagnes achèveront, au moyen des subsistances, d'attirer à elle tout l'or et l'argent des villes, et finiront par posséder seule cette moitié du numéraire qui peut nous rester sur la masse totale de deux milliards, montant estimatif de notre richesse métallique avant la révolution; et à la rigueur, on peut calculer à quelle époque des millions de citadins seront réduits à la dernière misère.

Offrira-t-on pour remède un nouveau *maximum*. Sa promulgation ne sera autre chose, que d'ordonner aux habitans des campagnes de nourrir gratuitement les habitans des villes. Qu'arriveroit-il de cette mesure tyrannique? Le voici.

Les habitans des campagnes, éclairés par les effets du premier *maximum*, venant à s'entendre spontanément sur les moyens de se soustraire à de nouvelles violences faites à leur propriété et à leur industrie ; et d'un autre côté, le désespoir s'emparant des habitans des grandes communes, l'imagination a peine à se figurer les calamités enfantées par un système qui a maintenu, par la force, la circulation *exclusive* d'un papier territorial, tandis que la circulation, en concurrence des monnoies métalliques, auroit fixé la valeur des travaux de première nécessité, et tenu en harmonie les relations commerciales des villes et des campagnes, pour les premiers besoins de la vie, *la nourriture et le vêtement*.

Notre détresse ayant pour cause l'abandon des principes, leur retour peut seul remédier aux maux qui résultent du bannissement dans les transactions sociales, des matières métalliques qui, par leur fixité indépendante de l'autorité arbitraire ou ignorante, procurent au peuple les moyens de satisfaire en tout temps, en tous lieux, et en quantités suffisantes, ses besoins de première nécessité.

Le premier pas efficace dans l'adoption d'un nouveau système monétaire, c'est de faire qu'un réservoir, placé au centre des ramifications administratives, commence par verser des particules métalliques qui se répandront ensuite par des canaux secondaires dans toutes les veines du corps politique.

Comment les faire arriver dans ce point central, sans possession de mines, sans possibilité d'impôts brusquement exigés en argent, sans crédit pour pomper l'or et l'argent par des emprunts?

Il faut élever les matières métalliques dans les réservoirs nationaux, par quelque puissant levier *de confiance*, et sur tout par la tradition d'un gage réel concédé comme garantie, que ces matières, déposées dans un centre pour l'intérêt général, se répandront ensuite avec fruit sur les régions d'où elles seront momentanément extraites.

Il faut chercher les bases de cette confiance dans la sagesse et la loyauté du nouveau gouvernement français, comme dans les sentimens uniformes d'admiration et de reconnoissance, dont sont l'objet les défenseurs de la patrie.

Cette réunion d'opinion à leur égard, fait considérer, comme éternellement sacrées, les récompenses qui leur ont été réservées par les précédens décrets. En effet, pour tout français, c'est un service signalé et indépendant des schismes intérieurs, que d'avoir repoussé les ennemis de la patrie loin des anciennes limites de notre territoire. C'est donc parler efficacement à la confiance, que de baser le nouveau systéme monétaire métallique sur le milliard des biens nationaux, mis en réserve pour les vainqueurs de l'Europe.

Cette première base de la confiance obtenue, il faut non-seulement spécifier ce gage d'un milliard, mais déterminer encore par quelles combinaisons il sera commun entre les défenseurs de la patrie qui travaillent si puissamment à la paix extérieure, et les propriétaires de matières métalliques qui contribueront à cicatriser les plaies intérieures de la France.

Pour consolider cette confiance, qui repose sur des élémens sacrés, il est nécessaire que le gage concédé approche le plus qu'il sera possible de la valeur réelle des matières métalliques.

De toutes les espèces de propriétés encore disponibles par la nation, aucune n'a une valeur plus précise, moins invariable et plus économique relativement à leur exploitation, que les forêts nationales. Les législateurs et les écrivains, en économie politique, ne cessent de préconiser cette puissante ressource. A quel moment peut-il en être fait meilleur usage, qu'à celui qui va acquitter la dette de la patrie envers ses défenseurs, et ranimer les facultés mourantes du corps social ?

D'après toutes ces données, voici, selon moi, les moyens de fonder en France un nouveau systême monétaire métallique, en unissant les intérêts des défenseurs de la patrie avec ceux des citoyens qui voudront s'associer éventuellement à leurs récompenses. Je répondrai aux objections après le développement complet de mes idées.

Je me propose trois points fondamentaux et indivisibles dans ce plan.

1°. Rassembler dans le point central administratif, un secours métallique de cent millions; 2°. reverser ces cent millions dans les principaux canaux de la circulation intérieure; 3°. repomper les matières d'or et d'argent par la voie graduelle de certains impôts exigés en argent, et auxquels les campagnes puissent être également assujettis sans violence, afin d'entretenir, par la seule force des choses, par les ressorts même de l'intérêt particulier, le jeu de cette machine de circulation mise dans un premier mouvement, avec le secours des cent premiers millions.

Afin de mieux préciser toutes les parties de ce plan, je le développerai en forme de loi, par vingt-deux articles, sous quatre titres.

TITRE PREMIER.

Concession du milliard de biens nationaux réservé aux Défenseurs de la Patrie; Dépôt de cent millions, valeur métallique.

ARTICLE PREMIER.

Celles des forêts nationales, détaillées au tableau n°. 1, annexé à la présente loi, demeurent attribuées au paiement du milliard de biens nationaux, valeur de 1790, réservé aux défenseurs de la patrie, par les précédens décrets.

ART. II.

L'estimation de ce milliard en forêts nationales, est fixée pour le sol et la superficie à raison de 500 livres l'arpent, valeur de 1790 (1).

A r t. III.

Les deux millions d'arpens de bois nationaux qui résultent de cette évaluation, donneront par coupe réglée de vingt années, cent mille arpens pour chacune, et un produit de vingt millions, à raison de 200 liv. l'arpent, *superficie*, valeur de 1790. Ce produit annuel de vingt millions est sur le taux de deux pour cent du capital d'un milliard.

A r t. IV.

L'administration de ce milliard de forêts nationales aura lieu, conformément aux loix forestières, et sera confiée à une société, ainsi qu'il va être expliqué ci-après.

A r t. V.

Sur le milliard de forêts nationales, il sera formé huit cents mille actions, dites fores-

(1) Cette estimation est portée *au plus bas* à 400 liv. pour l'aliénation du fonds, dans le rapport du représentant Johannot, fait en germinal, au nom des trois comités de salut public, de législation et des finances réunis.

tières, au capital de huit cents millions, chacune de 1000 liv., et du produit annuel de 20 liv. valeur métallique, franc de toute imposition présente et future, et suivant le modèle, nº. 2, annexé à la présente loi; ces actions seront réparties entre les défenseurs de la patrie, de la manière et aux époques qui seront fixées par les loix postérieures.

ART. VI.

Les deux cents autres millions complettant le milliard de forêts nationales, produisant également deux pour cent, seront destinés à servir les intérêts à quatre pour cent, *en argent*, franc de toute imposition présente et future, d'un capital de cent millions valeur métallique, dont le fonds sera fait par deux millions d'actions forestières à 50 liv. chaque, suivant le modèle, nº. 2, annexé à la présente loi.

ART. VII.

Tout citoyen, et même tout étranger, pourra prendre une ou plusieurs actions en payant ladite somme de 50 liv. en matières d'or et d'argent.

ART. VIII.

Un an après la paix générale, il pourra être

vendu *sol* et *superficie*, deux cent mille arpens ou le dixième des deux millions d'arpens concédés par la présente loi.

Le produit de la vente de ces deux cent mille arpens, sur l'évaluation de 500 livres, taux de 1790, donnera une somme totale de cent millions.

Cinquante millions seront répartis entre les huit cent mille actions appartenantes aux défenseurs de la patrie, ou à leurs héritiers directs, à raison de 100 livres, valeur métallique par action.

Les cinquante autres millions seront répartis entre les deux millions d'actions appartenantes aux citoyens et aux étrangers associés, ou à leurs héritiers directs, à raison de 25 liv. par chaque action.

ART. IX.

Les seize millions d'intérêts annuels attribués aux défenseurs de la patrie, et les quatre millions aussi d'intérêts annuels attribués aux citoyens et aux étrangers associés, seront répartis à mesure des extinctions *au marc la livre* du capital des unes et des autres actions, jusqu'à ce qu'elles produisent ; savoir,

Celles des défenseurs de la patrie, 100 *livres*;

Et celles des citoyens et étrangers associés, 5 *liv.* en raison de dix pour cent de leur capital primitif, fixé à mill elivres pour les premières, et à cinquante liv. pour les secondes. Toutes les actions parvenues à ce taux, les nouvelles extinctions profiteront au trésor public.

ART. X.

Les seize millions d'intérêts annuels attribués aux défenseurs de la patrie, ne commenceront à courir à leur profit, qu'à compter de la signature de la paix générale : jusques-là, ces intérêts seront au profit des citoyens ou étrangers associés jusqu'à concurrence de cinquante millions, faisant moitié de leur capital fourni, sans qu'ils puissent être privés, par cet événement, des chances qui leur sont accordées par la présente loi postérieurement à la paix.

TITRE II.

Reversement des cent millions, valeur métallique, dans la circulation

ARTICLE PREMIER.

Il sera prélevé sur ces cent millions la somme de trente millions pour être distribuée, à titre de secours, aux rentiers et pensionnaires de l'état, à raison du dixième de leurs rentes et pensions, et à compte du paiement du prochain semestre.

Art. II.

Il sera pris également, sur ces cents millions, trente autres millions, pour payer en argent le dixième du traitement attaché à tous les employés et fonctionnaires publics.

Art. III.

Les quarante autres millions seront réservés, pour en être fait emploi ultérieur, suivant les loix qui seront rendues à cet effet.

Art. IV.

L'acquittement de toutes les dépenses de la nature de celles indiquées dans la présente loi, sera fait directement par la caisse des défenseurs de la patrie, sur *mandats* des ordonnateurs, duement autorisés à faire payer ces différentes parties de la dépense ordinaire.

TITRE III.

Du paiement des impôts indirects, et de l'acquit de la dépense ordinaire, en valeur métallique.

ARTICLE PREMIER.

A compter du premier jour du troisième mois, après celui du paiement en argent des rentiers, pensionnaires, employés et fonctionnaires publics, dans la proportion fixée au précédent titre, tous les impôts indirects seront acquittés en valeur métallique, sur des tarifs calculés à moitié des taux fixés en 1790.

ART. II

Trois mois après la perception en argent des impôts indirects, les salaires des employés et fonctionnaires publics seront payés, partie en valeur métallique, sans que cette partie puisse excéder le tiers du traitement total de chaque grade, en 1790.

ART. III.

Les rentes et pensions seront également acquittées en valeur métallique, d'après les proportions

portions qui seront déterminées par des loix postérieures.

TITRE IV.

Des principaux moyens d'exécution.

ARTICLE PREMIER.

L'établissement à qui seront confiés, tant les intérêts des défenseurs de la patrie, que des citoyens et étrangers associés, s'appellera CAISSE DES DÉFENSEURS DE LA PATRIE; il devra subsister jusqu'après le décès, soit du dernier défenseur de la patrie, compris sur le tableau des récompenses nationales, soit du dernier citoyen ou étranger associé.

ART. II.

Tout propriétaire de vingt-cinq actions, ou d'un capital de douze cents livres, valeur métallique, aura voix délibérative dans les assemblées générales.

ART. III.

Les administrateurs, le directeur et le caissier général seront provisoirement indiqués par le directoire exécutif, et présentés par lui à la confirmation des citoyens et étrangers associés dans leur assemblée générale.

ART. IV.

Cette administration opérera, sous la surveillance de commissaires nommés en assemblée générale.

ART. V.

Il sera pourvu à tous frais d'administration, et aux moyens d'obtenir le concours efficace des banquiers, notaires, agens-de-change et autres gens d'affaires, par une perception de six deniers pour livre, et en déduction des cent millions de valeur métallique, et de trois deniers pour livre sur les vingt millions de produits annuels.

ART. VI.

Le Directoire exécutif est autorisé à prendre et à proposer toutes mesures ultérieures d'exécution (1).

---

(1) Il sera tems de développer ces mesures ultérieures d'exécution, après que les bases de ce plan auront été arrêtées. Elles tiennent à l'esprit des négociations extérieures, et à celui de conciliation dans l'intérieur, l'un et l'autre confiés au Directoire exécutif. A quelle époque de notre histoire, l'autorité n'a-t-elle pas su s'affer-

Tous les moyens développés dans ces quatre titres, sont intimément liés, et aucun ne peut avoir d'effet, ni de succès, sans l'autre.

Passons aux objections, pour y répondre.

---

mir par les ressources d'un crédit toujours obtenu, lorsqu'il a été sollicité avec les moyens de persuasion, de garantie et de bénéfices qui forment l'essence de ce genre d'opérations? Les capitaux quels qu'ils soient, cherchent sans cesse, en Europe, un emploi fructueux. N'en doutons pas, ils se porteront vers les nouveaux débouchés ouverts, sous la garantie que les excès passés contre les propriétés, ne peuvent se reproduire, et même, dans aucun cas, atteindre les co-associés des défenseurs de la patrie.

OBJECTIONS

ET

RÉPONSES.

Les objections sont de deux genres : les unes se rapportent au plan proposé ; les autres sont relatives à tout systême actuel de monnoie métallique.

PREMIER GENRE D'OBJECTIONS,

Sur le plan proposé.

Elles sont applicables, soit aux défenseurs de la Patrie, soit aux forêts nationales, soit à des motifs d'économie.

PREMIÈRE OBJECTION.

Les défenseurs de la patrie.

OBJECTION. *Il est impossible de se persuader que les récompenses pécuniaires proposées équivalent, pour les défenseurs de la patrie*, *à la distribution qui leur seroit faite de domaines territoriaux.* « *Ces propriétés*, » est-il dit, *dans le dernier rapport du co-* » *mité des finances*, *leur offriront la plus* » *douce des jouissances; elles seront pour leur* » *postérité*, *pour les générations futures*, *un* » *monument perpétuel de leur patriotisme et* » *de leur courage. Sur ce sol consacré par* » *la reconnoissance*, *naîtront de nouveaux* » *défenseurs*, *qui*, *jaloux de marcher sur les* » *traces de leurs ayeux*, *fixeront à jamais* » *les grandes destinées de la république* ».

Réponse. Voilà, sans doute, un tableau touchant, et de la reconnoissance nationale, et du bonheur qui attend les défenseurs de la patrie; mais pour le réaliser, ce tableau, quels obstacles insurmontables à vaincre? Le rapporteur lui-même est forcé, (article VII de son projet de décret), d'indiquer les difficultés qui résultent de la distribution de ce milliard de domaines nationaux, réservé aux défenseurs de la patrie. « Cette distraction, » dit il, sera prise (sur la masse totale), *au-* » *tant qu'il sera possible*, dans les différens » départemens, et de préférence, sur les do- » maines qui prêtent le plus au partage et

» division, sans que les fonds perdent nota- » blement de leur valeur ». Chaque mot de ce passage démontre l'impossibilité physique d'une récompense en nature.

Je ne parle pas d'une observation importante déjà faite dans les assemblées nationales, sur les dangers de rappeller dans nos constitutions républicaines, les institutions féodales, en distribuant à des militaires, des domaines qu'ils se transmettroient de générations en générations, privilége effrayant, aussi bien qu'offensant, pour toute une nation qui a coopéré, par son énergie, sa constance, ses souffrances mêmes, à la conquête de la liberté. C'est aux législateurs actuels à peser l'importance de cette réflexion; mais en me renfermant dans les bornes des matières économiques, je demanderai, si l'intérêt de l'industrie et du commerce, en France, pourra exiger que l'on attache, pour ainsi dire forcément, à la glèbe, le million de défenseurs de la patrie.

En effet, quelle est la composition de l'armée française? D'un côté, des vétérans; de l'autre, une jeunesse nombreuse, dont les uns avoient une existence active et utile qui les attend, à la paix; les autres entreront dans la formation de la garde nationale extérieure; un grand nombre, sans habitude d'un travail sédentaire, incapable de s'appliquer aux combinaisons qu'exigent les soins ruraux, se portera vers tous les genres d'occupations que fera naître la restauration du commerce, des manufactures et de la navigation. Combien même qui, *rouleurs* par tempérament, iront, comme leurs pères, depuis un siècle, échanger leurs services journaliers contre des piastres d'Espagne, qu'ils feront repasser en France.

Nos routes à rétablir, nos canaux à réparer et à creuser, nos colonies à repeupler, nos flottes à recréer, et nos ateliers à ranimer se partageront bien mieux, par la seule force des choses, ces hommes endurcis aux travaux pénibles : et cette distribution fructueuse pour eux et pour la patrie, fait appercevoir toute l'illusion de cette classification symétrique qu'on chercheroit en vain, en divisant en des lots innombrables, le milliard de domaines nationaux réservé aux défenseurs de la patrie.

D'ailleurs, le mode de récompenses annuelles pécuniaires, et celui d'une somme d'argent payée dans l'année de la paix, procureront à chaque défenseur de la patrie, qui voudra cultiver un champ, les moyens de le choisir à sa convenance, et de le faire prospérer, à l'aide d'un pécule qui circulera encore, pour l'avantage même des habitans des cantons intérieurs de la France les plus dénués d'espèces métalliques.

Se récrie-t-on contre la modicité du *minimum* des récompenses, fixé dans le plan proposé, à vingt livres annuellement, et à cent livres une fois payées? Mais, on ne feroit donc pas attention que ces sommes équivalent aujourd'hui, pour le moins, au double de ce qu'elles étoient avant la révolution; et alors, une rente annuelle de quarante liv. et un pécule de deux cents livres étoient un premier avoir suffisant, dans les trois quarts de la France. D'ailleurs, les récompenses annuelles de vingt livres doivent s'accroître par les extinctions, et avec l'âge des survivans, jusqu'au *maximum* de cent livres. Au surplus, sur huit cent mille parts, on pourra cumuler, plus facilement qu'en *nature*, plusieurs récompenses pécuniaires sur une même tête, suivant l'âge, l'importance des services et le nombre des copartageans.

En consolidant, suivant le plan proposé,

ces récompenses nationales, on lève toute incertitude sur leur réalité, par les difficultés d'une répartition *en nature.* Toute échelle proportionnelle est impraticable pour la division entre les défenseurs de la patrie originaires de tous les départemens, du milliard de domaines réservés, puisqu'il est de fait, par exemple, que dans le Midi de la France, la richesse du Clergé consistoit en dîmes, et non en biens ruraux, comme dans nos contrées Septentrionales.

DEUXIÈME OBJECTION.

Forêts nationales.

OBJECTION. *Dans le plan proposé, deux cent mille arpens de bois sont destinés à être dénaturés de culture, par la vente effectuée, tant du sol que de la superficie, un an après la paix générale, pour servir à former un pécule aux défenseurs de la patrie, et à rembourser la moitié des capitaux versés dans leur caisse par les citoyens et les étrangers associés. Cependant la rareté du bois, en France, devroit faire une loi d'en ménager l'espèce.*

Réponse. Pour former un établissement d'où dépend la vie du corps politique, on ne peut que le poser sur des bases effectives ; or on ne peut offrir pour gage d'une valeur réelle reçue, qu'une autre valeur également réelle à disposer. Dans les circonstances actuelles, on n'a pas le choix ; plus le bois a de valeur, en France, mieux il représente celle de l'argent, d'où dépend la revivification du corps social. D'ailleurs, dans les rapports des comités des finances, dans les écrits économiques, ne met-on pas au nombre de nos ressources les bois nationaux, *sol et superficie?* Où cette ressource est illusoire, ou il faut se résoudre à en faire usage, en tems utile.

Au surplus, des états positifs publiés sous l'assemblée constituante, portent à plus de cinq millions d'arpens la quantité de bois, en France ; deux cent mille arpens ne font, tout au plus, que le vingt cinquième de la masse totale, et ce vingt-cinquième pourra être pris, en grande partie, dans les ci-devant provinces d'Alsace, de Lorraine et des Trois-Évêchés, qui renferment plus du sixième des bois de la France.

Observons encore que le genre d'industrie

de ces départemens qui, jusqu'à présent, a consisté en forges et en usines, doit changer, à la paix, soit par les nouvelles communications résultantes de la suppression des barrières intérieures, soit par la nouvelle navigation plus étendue du Rhin, de la Meuse et de l'Escaut. Enfin, les bois de la Belgique, du pays de Liége et des districts de la Hollande et de l'Allemagne, qui nous resteront, à la paix, ainsi que la facilité des transports par ces différentes voies, des bois étrangers, diminueront alors sensiblement notre pénurie en bois.

TROISIÈME OBJECTION.

Motifs d'économie.

OBJECTION. *Dans le plan proposé, vous abandonnez, jusqu'à la paix, au profit des citoyens et étrangers associés, les intérêts annuels des huit cents millions d'actions destinées aux défenseurs de la patrie; vous privez ainsi le trésor public d'une recette par an de seize millions, valeur métallique, dans un moment où les dépenses publiques exigent la plus grande économie dans les ressources.*

RÉPONSE. D'abord, cette recette de seize

millions ne peut pas exister aujourd'hui, en argent, pour le trésor public, avant le retour au systême monétaire métallique, dont ce plan a pour but d'obtenir le résultat. Dans la position actuelle, cette nature de recette est presque nulle, pour un trésor qui, par mois, verse dans la circulation plus d'un milliard d'assignats au-delà de ce qu'il en reçoit. Dans le systême proposé, les dépenses ordinaires du gouvernement devant s'acquitter en argent, au moins pour la partie qui tient à la subsistance du peuple, le trésor public ne supportera plus les frais de cette distribution faite aux salariés et fonctionnaires publics, en nature de denrées et marchandises, laquelle assurément, avec le gaspillage qu'entraîne ce mode de paiement, forment un sacrifice, par an, de plus de seize millions, valeur métallique.

D'ailleurs, cette chance offerte aux citoyens et étrangers associés, de recevoir jusqu'à concurrence de moitié de leurs capitaux, à prendre sur les seize millions en question, est purement éventuelle ; et cette chance est bien restreinte, si la paix est signée dans trois mois, avant même, ou à toute autre époque de la présente année.

OBJECTION. *L'opération proposée est, au moins, un emprunt. De combien grève-t-il l'Etat? N'est-ce pas, en définitif, l'aliénation d'un milliard de forêts nationales?*

RÉPONSE. Cette aliénation est temporaire, tandis que le milliard de biens nationaux réservé, par les précédens décrets, aux défenseurs de la patrie, doit leur être livré à perpétuité. On a vu dans les réponses à la première objection, que ni leur intérêt particulier, ni le bien général de la patrie, qui consiste dans la meilleure répartition possible des hommes, et dans l'emploi efficace de leurs facultés, n'exigent pas ce sacrifice, dont le mode d'exécution, d'ailleurs, est impraticable. Dans le plan proposé, la nation conserve un fonds qui lui rentrera, non-seulement en totalité, à l'extinction des défenseurs de la patrie et des citoyens et étrangers associés, mais partiellement, à mesure des extinctions qui surviendront, après que toutes les actions auront atteint le taux de dix pour cent de leur capital primitif.

Le plan proposé n'est pas un emprunt, puisque l'état n'a point d'intérêt annuel à payer; c'est un dépôt sur gage, fait par les possesseurs de cent millions de matières métalliques, sous certaines conditions garanties par la loi, et par leur co-association avec les défenseurs de la patrie pour ramener la circulation du numéraire métallique, en concurrence avec les assignats. L'intérêt de ces avances est fondu dans le sacrifice auquel s'est déterminé le gouvernement, en faveur des défenseurs de la patrie, dont le sort se trouvera même amélioré par ces fructueuses combinaisons.

SECOND GENRE D'OBJECTIONS,

Contre tout systême actuel de monnoie métallique.

Cette seconde nature d'objections a trois branches principales : 1°. la circulation des assignats avec le numéraire métallique ; 2°. l'opposition qui en résulteroit pour le service ordinaire et le service extraordinaire ; 3°. l'impossibilité d'aucun changement, avant la paix, dans notre systême monétaire.

PREMIÈRE OBJECTION.

Circulation des assignats avec le numéraire métallique.

OBJECTION. *Il est de principe et d'expé-*

rience que le papier fait fuir l'argent. Donc, en versant du numéraire dans la circulation, vous offrez un nouvel aliment aux spéculateurs, qui engloutiront de nouveau les espèces.

RÉPONSE. Pour apprécier ce que vaut cette objection, il faut distinguer deux époques : le commencement de *l'émission* d'un papier monnoie, et le dernier période de cette *émission*.

Le systême monétaire métallique n'est point l'ennemi d'un papier ÉMIS depuis long-temps, et qui a produit son effet, comme il l'est d'un papier nouvellement en ÉMISSION, et dont l'influence sur les transactions sociales est encore inconnu de la multitude. La raison en est que, dans ce dernier période (celui où se trouve actuellement la France) chacun ayant l'expérience personnelle que, pour les besoins pressans de la vie, l'argent seul, gage invariable du travail, peut y satisfaire, garde et défend même, contre toute atteinte, ce pécule métallique indispensable à sa subsistance, et ne compromet pas, comme il a fait, dès le principe de l'émission, faute de cette expérience,

rience, pour *un tant pour cent nominal*, l'échange de son or contre papier.

De cette distinction, dont la misère du peuple doit faire appercevoir l'évidence, il en résulte que le système monétaire métallique doit être rétabli pour les objets de première nécessité ; et il n'est pas douteux qu'elles seules y serviront exclusivement ; car, dans la société, quels individus ne sont pas dépendans les uns des autres pour des besoins indispensables, dont le prix sera exigé et soldé en matières d'or et d'argent, après que le gouvernement, par la sagesse de ses opérations, aura ramené graduellement la circulation du numéraire métallique.

Il faut encore distinguer, dans la double circulation des assignats et de l'argent, l'acquit des *dettes contractées* de *celles à contracter*.

Les dettes contractées s'acquitteront en assignats, comme s'il n'existoit aucun retour au système monétaire métallique.

Les dettes à contracter sont de deux natures ; celles résultantes d'un service actuel obtenu pour un besoin indispensable de la vie, se solderont entre tous les membres industrieux de la société en matières métalliques, parce que personne ne voudra avanturer de nouveau ses besoins nécessiteux ; au contraire, les dettes résultantes de spéculations, pour marchandises en gros, étant de leur nature variables, parce que ni le temps, ni le lieu des jouissances ne sont déterminées, et que les bénéfices éventuels sont d'ailleurs sujets à compensation, ces dettes, sans de graves inconvéniens, continueroient de se solder, de gré à gré, entre les contractans, en assignats ou créances nationales.

Ce qui précède doit faire pressentir où est l'erreur d'écrivains très-instruits qui partent de ce principe vrai, que, puisque la quantité d'une monnoie est une cause de chèreté, nécessairement en diminuant la masse circulante des assignats, on fait baisser le prix de toutesles marchandises dans la proportion du retirement ou de la démonétisation. L'expérience, de tous les temps et det ous les pays, prouve aussi qu'une fois qu'un papier monnoie a influé sur les besoins de première nécessité du peuple, il n'y a plus moyen de le rétablir dans l'opinion pour cette partie de transaction sociale, attendu que l'illusion une fois détruite, l'homme le plus borné ne consent pas deux fois à être la dupe des erreurs de l'administration qui ont déjà compromis sa subsistance et celle de sa famille. De quelque part que vienne le discrédit, peu lui importe au peuple, il n'a loisir ni facultés, pour s'en rendre compte, lui, dont l'affaire unique est une lutte perpétuelle pour se procurer sa subsistance. Il rejette alors par *instinct* un *signe* de *mal-aise*, comme quelques estomachs refusent, par *antipathie*, certaine nourriture.

Le seul moyen de maintenir la circulation des assignats, soit comme titre de créance nationale, soit comme monnoie non *exclusive*, est, selon moi, de chercher, le plus qu'il sera possible, d'en concentrer la circulation dans les membres du corps social qui ont un superflu, et qui ont leur subsitance assurée; les variations du papier seront toujours moins convulsives, comme moins dangereuses, parce qu'elles ne leur présentent d'autres craintes qu'un *manque à gagner*.

Deuxième objection.

Opposition du service ordinaire avec le service extraordinaire.

Objection. *La trésorerie est obligé de faire un service en argent pour les armées et pour l'achat extérieur de certaines denrées et marchandises de nécessité intérieure ; on ne peut donc pas établir un système monétaire métallique pour la dépense ordinaire , tant que l'on sera obligé de faire une dépense extraordiuaire en argent.*

RÉPONSE. Il peut y avoir deux motifs dans cette objection, dont l'un est dicté par la défiance , et l'autre par l'opinion que les deux opérations , *service extérieur* et *service intérieur* , se contrariront.

La défiance peut résulter de la crainte que l'on ne détourne les nouveaux fonds métalliques destinés à une partie spécifiée de la dépense ordinaire , pour l'appliquer au service extraordinaire de la guerre. Cette crainte n'est pas fondée , puisqu'il ne devroit sortir aucunes matières d'or et d'argent de la caisse des défenseurs de la patrie, gérée par les sociétaires eux-mêmes , que pour l'emploi immédiat spécifié dans la loi même.

Quant à l'opposition des deux services , elle n'existe pas ; la ressource des cent millions dont il s'agit, n'est autre chose qu'une machine de circulation intérieure en matières métallique créée pour les rassembler de mille points divers dans un réservoir commun, afin de les répandre de-là, en mille ramifications, qui satisfassent aux besoins nécessiteux et journaliers des citoyens.

Cette opération ne met aucun obstacle à ce que, par d'autres voies, le gouvernement ne conserve les ressources qu'il a déjà, et qu'il ne s'en procure de nouvelles, en repompant les cent millions dont il s'agit, et même une plus grande somme, soit par des impôts, soit au moyen de combinaisons particulières à lui connues, ou que les circonstances peuvent développer. On sait avec quelle somme modique on peut opérer une circulation considérable lorsqu'est bien conduite la machine qui fait mouvoir le numéraire métallique en le pompant, et le reversant tour-à-tour dans les canaux industriels que parcoure l'activité d'un grand peuple.

OBJECTION. *Mais*, ajoute-t-on, *quelque partie de la dépense ordinaire s'acquittant en argent au moyen du plan proposé, ne faudra-t-il pas payer de même la dépense extraordinaire ?*

RÉPONSE. Croit-on, de bonne foi, que

l'assignat n'a de valeur pour les fournisseurs qu'en raison de sa *faculté* de monnoie *exclusive ?* Ne sait-on pas, au contraire, que les fournisseurs calçulent mentalement le prix de leurs marchandises en argent avant de le fixer sur valeur en assignats ? N'est-il pas démontré encore que l'assignat, par son *essence*, a une véritable valeur territoriale, résultante du gage immense sur lequel il repose comme *délégation*, seconde *qualité* bien supérieure à sa *faculté* de monnoie *exclusive*, à laquelle l'assignat français n'a été appellé qu'accidentellement.

Troisième objection.

L'impossibilité d'aucun changement avant la paix ; dans notre système monétaire.

Réponse. Observons d'abord que cette objection ne détruit pas la nécessité de s'occuper d'un plan monétaire métallique; déterminons le meilleur plan, et nous verrons s'il convient de l'exécuter avant la pacification générale.

On apperçoit *d'ailleurs que cette objection* tourne dans un cercle vicieux. En effet, n'est il pas constant que plusieurs millions de famille souffrent en France de notre systéme monétaire actuel? N'est-il pas constant qu'indépendamment rentiers; les pensionnaires, les employés, les des fonctionnaires publics, les artisans et ouvriers de l'un et l'autre sexe qui ont une industrie, dont le besoin n'est pas urgent, *n'étant pas un service à bras*, vendent tous leur mobilier pour subsister? Comment penser que ces circonstances échappent à nos ennemis extérieurs, et qu'ils ne retardent la conclusion de la paix par les espérances qu'ils fondent sur nos malheurs publics? Faisons la paix, dites-vous, et nous chercherons ensuite à améliorer notre situation intérieure? Ne peut-on pas vous répliquer; améliorons sur-le-champ notre situation intérieure, et nous ferons bientôt la paix?

No. 1.

Nota. Ce tableau seroit perfectionné dans ses développemens, en opérant sur des élémens positifs.

TABLEAU des Forêts nationales, au capital d'un milliard, valeur de 1790, concédées en vertu de la présente loi, pour les récompenses nationales réservées par les précédens décrets, aux Défenseurs de la patrie.

DÉSIGNATION DES FORÊTS.	NOMS des DÉPARTEMENS et des CANTONS, où les forêts sont situées.	NOMBRE D'ARPENS.	PRODUIT net annuel, VALEUR métallique.	ESTIMATION de chaque FORÊT valeur de 1790.

No. 2.

N°. 2.

CAISSE
DES
DÉFENSEURS DE LA PATRIE.

Série des 800 milles actions.

N°. 1.

ACTION FORESTIÈRE
DE MILLE LIVRES,
(valeur de 1790.)

LE citoyen

Défenseur de la patrie, est propriétaire, sur sa tête, d'une action forestière de mille livres, pour laquelle il obtiendra,

1°. Intérêt annuel, (franc d'imposition présente et future) de 20 livres ; valeur métallique ;

2°. Accroissement jusqu'à 100 liv. annuellement ;

3°. Paiement à lui ou à ses héritiers directs, de 100 liv., valeur métallique, un an après la paix générale.

A Paris, ce, etc.

N°. 3.

CAISSE
DES
DÉFENSEURS DE LA PATRIE.

Série de 2 millions d'actions.

N°. 1.

ACTION FORESTIÈRE
DE CINQUANTE LIVRES,
(valeur métallique.)

LE citoyen

est propriétaire sur la tête de

d'une action forestière de cinquante livres, valeur métallique, pour laquelle il obtiendra,

1°. Intérêt annuel, (franc d'imposition présente et future) de 2 livres, valeur métallique;

2°. Accroissement jusqu'à 5 liv. annuellement;

3°. Paiement à lui ou à ses héritiers directs, de 25 livres, valeur métallique, un an après la paix générale.

A Paris, ce, etc.

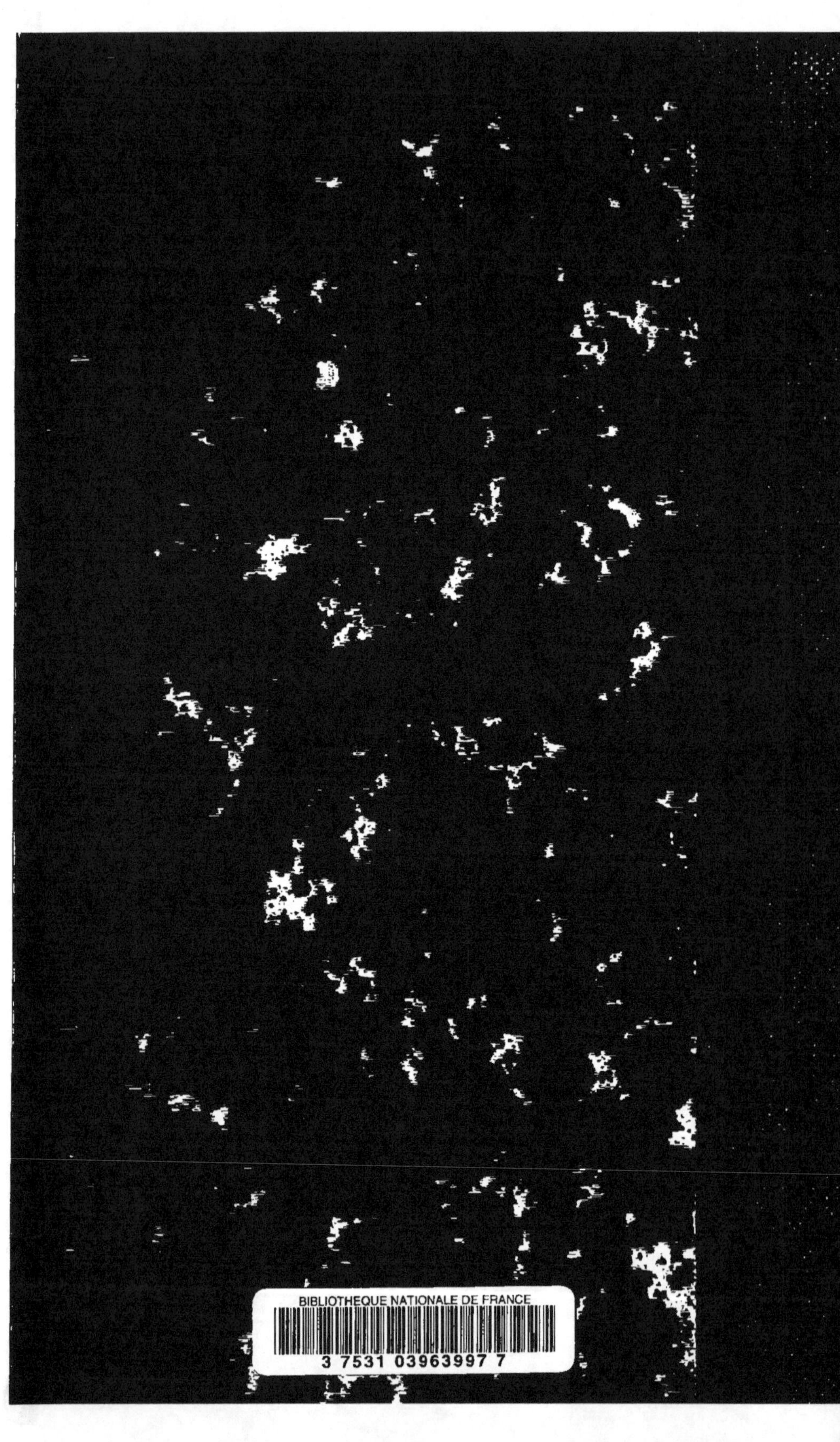

www.ingramcontent.com/pod-product-compliance
Lightning Source LLC
LaVergne TN
LVHW021714230826
846091LV00006BA/2166

* 9 7 8 2 0 1 3 2 4 7 0 8 5 *